AUGUSTIN GROSSELIN

135. — Paris. — Imprimerie Cusset et Ce, rue Racine, 26.

AUGUSTIN GROSSELIN

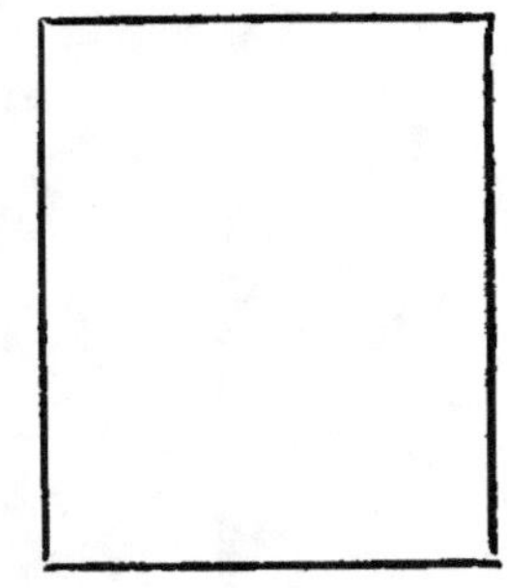

NOTICE BIOGRAPHIQUE

PAR

L. A. BOURGUIN

Ancien Membre du Conseil supérieur de la Société centrale
d'éducation et d'assistance pour les sourds-muets
Membre de la Société pour l'enseignement simultané
des sourds-muets et des entendants-parlants

PARIS

ALPHONSE PICARD, LIBRAIRE

82, RUE BONAPARTE

1870

NOTICE BIOGRAPHIQUE

SUR

AUGUSTIN GROSSELIN

Augustin Grosselin est né à Sedan (Ardennes) le 14 mai 1800. Son père, qualifié marchand dans l'acte de naissance, avait servi dans les armées de la République. Peu de temps après la naissance de son fils, il devint notaire à Raucourt, et quelques années après à Mézières.

Augustin Grosselin commença ses études au lycée de Liége, ville qui appartenait alors à la France. Mais en 1814, lorsque Napoléon Ier eut succombé sous les efforts de l'Europe coalisée, notre pays dut se renfermer dans ses anciennes frontières. Il fallut renvoyer dans leurs foyers les élèves du lycée de Liége, originaires de départements restés français. Les fonds destinés à leur voyage étaient peu considérables; c'est à pied et à petites journées qu'ils durent retourner chez eux. Grosselin, alors âgé de quatorze ans, fut ainsi chargé de ramener jusqu'à Douai un groupe de ses condisciples, dont les parents, comme les siens, appartenaient au territoire resté français. Sa bonne conduite lui avait valu cette marque de confiance de la part de ses maîtres, et c'est à lui que fut remise la bourse destinée à faire face aux dépenses de route.

Grosselin termina son éducation au collége royal de Douai. Là, comme à Liége, de nombreuses couronnes témoignèrent, chaque année, de son zèle pour le travail, et du développement de son intelligence.

Ses études achevées, après avoir travaillé quelque temps dans l'étude de son père, à Mézières, il vint à Paris, en 1820, pour faire son droit. Ses parents, qui se trouvaient dans une position fort gênée, ne pouvaient lui faire qu'une pension bien modeste : 60 francs par mois. Grosselin s'en félicitait plus qu'il ne s'en plaignait. « J'apprends ainsi de bonne heure, écrivait-il à son grand-père, à avoir peu de besoins et à borner mes désirs. Cette modération, que je m'applique à enraciner dans mon caractère, doit mettre mon âme au-dessus de la fortune, de quelque manière qu'elle me traite un jour. »

Bientôt cette pension si modique cessa de lui être payée, et le jeune homme dut chercher, dans un travail accessoire et parallèle à ses études, le moyen de les suivre. Il donnait à quelques camarades des leçons de sténographie et des répétitions de droit. Faible ressource et qui, pour tout autre, eût été insuffisante. Mais Grosselin sut réduire ses dépenses de manière à ne pas dépasser ce qu'il pouvait gagner. Logé dans une mansarde, qu'il payait 8 francs par mois, pendant près d'une année il vécut strictement de pain et d'eau. Comme il ne faisait pas de dettes, il ne se trouvait pas malheureux. Et quand, plus tard, son souvenir se reportait sur les dures nécessités de cette époque, il en parlait gaiement et était presque tenté de dire : C'était le bon temps. Quelques invitations à dîner chez des amis de sa famille apportaient une heureuse diversion à ces repas cénobitiques. Il fut aussi aidé par M. Bouilly, le spirituel et aimable conteur, qui se trouvait être l'ami de son père, et qui, plus d'une fois, voulut payer le montant de ses inscriptions à l'École de droit et les frais de ses examens.

Après quatre années d'étude, il fut reçu avocat et trouva à se placer comme secrétaire chez le baron Charles Dupin, aujourd'hui sénateur, alors professeur au Conservatoire des arts et métiers, lequel, par ses leçons, ses ouvrages et par les cours qu'il organisait dans les départements, cherchait à populariser la géométrie parmi les classes laborieuses. Au bout d'une année, les appointements de Grosselin ayant été élevés à 2,400 francs, il se crut assez riche pour se marier : le 6 octobre 1825, il épousa une de ses cousines qu'il aimait depuis cinq ans, et qui ne lui apportait pour dot qu'une affection sincère, des goûts simples, des habitudes de travail et l'amour des vertus de la famille. Il l'amena à Paris dans le petit appartement qu'il occupait rue Saint-Merry. A l'époque de son mariage, sa mère vivait déjà avec lui depuis quelques mois. Cette union ne tarda pas à être féconde, et un an après le mariage la naissance d'un fils vint combler les désirs du jeune ménage.

Malheureusement, en 1828, le baron Charles Dupin crut pouvoir se passer de secrétaire, et remercia M. Grosselin. Celui-ci, pour ne pas affliger sa jeune femme qui était sur le point de devenir mère pour la seconde fois, lui cacha la fâcheuse nouvelle. Afin qu'elle ne pût la deviner, il allait passer chez son beau-frère le temps qu'il consacrait d'ordinaire à ses fonctions de secrétaire. Dans le loisir forcé qui lui était imposé, il composa un vocabulaire sténographique qu'il transcrivit lui-même sur la pierre à lithographier, quand il voulut le publier.

A son foyer, si fort éprouvé par la gêne, mais toujours hospitalier, vint bientôt se réunir une sœur devenue veuve et presque sans fortune, qui fut une seconde mère pour les deux enfants déjà nés et pour les deux autres qui devaient sucessivement voir le jour plus tard.

M. Grosselin était une de ces heureuses natures qui ne se laissent pas abattre par le découragement. Ayant à pourvoir aux besoins de quatre grandes personnes et de deux enfants, il espéra trouver dans son travail assidu des ressources suffisantes. Il eut l'idée de recueillir les cours faits à la Faculté des sciences par MM. Étienne Geoffroy Saint-Hilaire, Gay-Lussac et Pouillet, et de les publier par livraisons dans l'intervalle d'une leçon à l'autre. Cette nouveauté eut du succès. Quelques mois plus tard, quand M. de Vatimesnil, dans son rapide passage à l'instruction publique, rendit à MM. Guizot, Cousin et Villemain l'autorisation de reprendre à la Sorbonne leurs cours, depuis longtemps interrompus, M. Grosselin s'associa quelques jeunes sténographes pour reproduire par la presse ces leçons, que suivait non-seulement la jeunesse enthousiaste, mais, on peut le dire, l'élite de la société française. Nous ne croyons pas que jamais, chez nous, l'enseignement public ait eu de plus beaux jours. En recueillant les belles improvisations de ces trois maîtres de la parole qui, avec des mérites différents, obtenaient un égal succès, les sténographes nous ont conservé trois œuvres qui tiennent encore une place distinguée dans les bibliothèques.

A la même époque (1828), un journal, le *Messager des chambres*, se fonda pour publier le compte rendu sténographié des séances. M. Grosselin y fut attaché pendant un an. Puis il passa au *Moniteur universel*, pour y remplir les mêmes fonctions.

Mais vers la fin de l'année 1829, cédant au penchant pour l'éducation, qui déjà se manifestait chez lui, et qui ne fit que se développer dans le cours de sa belle et laborieuse carrière, il alla, sur les indications de M. Hachette, libraire, acheter une institution de jeunes gens à l'Isle-Adam. Il y appliqua ses méthodes particulières pour l'enseignement de l'histoire et de la géographie. Placé trop loin de Paris, à une époque où les moyens de transport n'étaient pas faciles, et dans un trop petit centre de population, l'établissement ne pouvait prospérer. M. Grosselin le quitta en 1832. La plupart de ses élèves, reconnaissants des soins paternels qu'il leur avait donnés, continuèrent, dans les diverses positions où ils furent placés par la suite, à entretenir de bonnes relations avec leur ancien maître.

Les débats des deux grands corps de l'État, sous le règne de Louis-Philippe, prenant une importance de plus en plus considérable, il fut facile à M. Grosselin de rentrer, en qualité de sténographe-réviseur, au *Moniteur universel*. Il conserva cette position jusqu'en 1851, et il y jouit toujours de l'estime et de l'amitié de ses collègues.

Père de famille, M. Grosselin s'occupa beaucoup de l'éducation de ses enfants. Il le faisait d'affection, et il avait l'avantage d'y trouver comme un champ pratique pour l'essai de ses méthodes. En beaucoup de circonstances, il procéda par la mnémotechnie, instrument qui lui avait été fort utile à lui-même, pour retenir et classer dans sa mémoire un grand nombre de faits et de dates.

Pour l'enseignement de la lecture, il avait inventé une série de petites images dont chacune représente un seul objet; au-dessous se trouve le nom de l'objet en écriture usuelle et en écriture sténographique. Dans l'étude des voyelles, la première lettre du mot représente la voyelle dont l'enfant doit apprendre le double signe; dans l'exercice relatif aux consonnes, c'est sur la dernière lettre que son attention est appelée. Puis on cache les images aux regards de l'enfant, et on lui fait lire les noms sans épellation. Ou bien on lui donne de petits cartons portant d'un côté l'image, de l'autre le nom de l'image en écriture usuelle et en écriture phonétique. Par ce moyen l'enfant peut s'exercer lui-même à la lecture des mots : en retournant le carton, l'image lui sert à reconnaître s'il les a bien ou mal lus.

Ces procédés, nous verrons l'auteur les appliquer à d'autres objets d'enseignement.

Pour l'étude de l'histoire et de la chronologie, M. Grosselin se servait d'images emblématiques mobiles, qui se plaçaient sur un tableau à cou-

lisse, dans l'ordre des faits que les emblèmes
étaient destinés à rappeler. Chaque coulisse représente un siècle. Les images de la première série
indiquent la date du siècle dans lequel les événements se sont accomplis : pour cela, toute consonne qui se prononce dans le nom de l'image
reçoit une valeur numérale et représente par
conséquent un chiffre. Six autres séries d'images
servent à indiquer le caractère des personnages,
les institutions, les découvertes importantes, l'é-
rection des monuments, les événements de paix
et les événements de guerre. Chacune de ces séries
d'images porte une couleur différente.

Ces petites images emblématiques sont, pour la
plupart, fort ingénieuses. En voici quelques-unes :
une couronne divisée signifie *partage de la royauté*;
une couronne renversée, *abdication*; une couronne
brisée, *détrônement*; une épée au-dessus d'une
couronne, *usurpation*; quatre épées croisées,
guerre; deux épées croisées, la pointe en haut,
victoire; deux épées croisées, la pointe en bas,
défaite; deux poignards croisés, *guerre civile*.

Dans ce système, la première étude consiste à
enseigner à l'enfant la signification des emblèmes :
elle fournit au maître l'occasion de donner à l'élève

1.

une idée des différentes espèces de faits dont se compose l'histoire. Quand l'élève possède cette connaissance préliminaire, on met entre ses mains un abrégé d'histoire, et on lui donne pour tâche de représenter emblématiquement les principaux événements, soit d'un règne, soit d'un siècle entier. Le maître corrige cette espèce de traduction et signale les faits omis ou mal traduits. Puis l'élève fait un récit des faits représentés, en enlevant, à mesure, les emblèmes dont il a donné une explication satisfaisante. Il cherche dans son livre l'explication de ceux qui restent, et reprend son récit jusqu'à ce que le tableau soit vide; puis il le recompose de mémoire.

Les tableaux, en forçant l'élève à réfléchir pour les composer, laissent dans son esprit une impression durable, et font qu'il retient les événements et leur date autrement que comme une sèche nomenclature.

En 1836, M. Grosselin publia un système de langue universelle. Une langue qui servirait de lien entre tous les peuples, a été le rêve de plus d'un philosophe, depuis Descartes et Leibniz, qui s'en sont occupés, jusqu'à Lamennais. Ce der-

nier pensait que quand le genre humain serait
parvenu à se constituer dans son unité, toutes les
langues se fondraient dans une seule.

M. Grosselin croyait aussi qu'une langue universelle est au nombre des nécessités de l'avenir.
Il croyait de plus à la possibilité de la créer dès à
présent : il y voyait le rapprochement de tous les
peuples si longtemps divisés par des haines na-
tionales, et la formation, non d'un seul peuple,
mais d'une famille de peuples.

Loin de se dissimuler les difficultés d'une telle
entreprise, il semble que M. Grosselin ait voulu
les multiplier par les conditions mêmes qu'il
s'était imposées. Il ne lui suffisait pas que cette
langue fût plus facile à apprendre qu'aucune des
langues existantes ; il fallait qu'on pût l'apprendre
sans travail, ou du moins qu'elle fût la conséquence d'études qui auraient un tout autre objet ;
que, par exemple, en étudiant soit sa langue
maternelle, soit une langue étrangère, on apprît,
en outre et pour ainsi dire à son insu, un idiome
de nature à devenir commun entre tous les
hommes ; il fallait enfin que tous les mots dont se
composerait cette langue générale, tout en étant
aussi courts que les monogrammes des sténo-

graphies les plus abréviatives, fussent pourtant l'expression complète des idées.

Rien de plus ingénieux et de plus simple que le procédé employé par l'auteur pour atteindre le but complexe qu'il s'est proposé. La langue universelle de M. Grosselin se compose de deux espèces de mots : les mots radicaux et les mots dérivés, les uns exprimant les idées primitives et simples; les autres, les idées secondaires et composées. Les mots-racines, au nombre de 1,500, se trouvent contenus dans un vocabulaire qui accompagne la grammaire. Quant aux mots dérivés, il est inutile d'en composer un dictionnaire, il suffit de connaître le tableau des terminaisons qui, en s'ajoutant au radical, en modifient la signification.

Faire choix des quinze cents idées les plus générales ou plutôt des quinze cents mots qui forment les éléments les plus indispensables du langage, et les classer dans un ordre logique, était une œuvre de patience et de tact qui exigeait une curieuse recherche de la formation des idées et de la philosophie du langage. Mais le plus difficile restait à faire : il est bien évident que ce ne sont pas les mots français exprimant ces idées qui pouvaient constituer le vocabulaire essentiel de la langue universelle. Il semble qu'il y avait lieu soit d'inventer, soit de chercher, dans les langues connues, les mots-racines destinés à formuler ces idées. L'auteur s'est épargné cette peine, et c'est là le côté vraiment original de sa conception. Il a réparti en quinze tableaux, dont chacun a sa spécialité, les quinze cents idées primitives. Chacun des mots qui les expriment porte, d'après son classement sur les tableaux, un numéro, de 1 à 1,500. Et c'est précisément ce numéro, ce nombre, qui donne le mot de la langue universelle ou plutôt qui est lui-même ce mot. Une courte explication le fera comprendre.

La numération arabe, connue dans le monde entier, se compose de neuf caractères ou chiffres, et en y comprenant le zéro, de dix. Sous chacun de ces chiffres, dans leur ordre naturel, M. Grosselin place une des consonnes fortes de notre alphabet, *p, f, m, t, s, ch, k, n, l, r*, et sous ces consonnes il place les voyelles suivantes : *a, é, o, ou, eu, i, aï, eï, oi, è*. Chaque chiffre de la numération arabe correspond ainsi à une consonne et à une voyelle.

Dans la langue universelle, les mots, comme

on l'a déjà vu, sont représentés par des nombres. Les chiffres correspondant aux consonnes forment le corps invariable des mots-racines. Les chiffres-voyelles, qui n'ont d'autre fonction que de faire sonner la consonne, se placent, non sur la même ligne que les chiffres-consonnes, mais un peu au-dessus, en plus petits caractères, à la manière des accents.

Dans l'écriture, les chiffres-voyelles peuvent être supprimés, comme ils le sont dans le vocabulaire. On peut de même, dans le langage écrit aussi bien que dans le langage parlé, substituer, sans le moindre inconvénient, une voyelle à une autre; les chiffres-consonnes, qui sont l'essence même des mots, ne reçoivent aucune modification de ces changements. Si M. Grosselin a donné des règles pour l'intercalation des voyelles, c'est qu'il voulait que sa langue fût harmonieuse.

On voit les avantages de ce système : les quinze cents mots-racines de la langue universelle, exprimés par des chiffres que chacun connaît, seront écrits de la même manière en tout pays.

Reste à acquérir la connaissance de la signification de ces quinze cents mots-racines. M. Grosselin donne une méthode mnémonique, à l'aide de la quelle on peut, dit-il, apprendre en quelques heures tous les mots du vocabulaire. Je rappellerai ici que M. Grosselin était sténographe, je veux dire qu'il faisait tout très-vite. Au lieu de quelques heures, mettons quelques semaines, et nous serons dans le vrai.

Jusqu'à présent je n'ai parlé que des radicaux. Les mots dérivés se forment au moyen de certaines terminaisons qui s'ajoutent aux mots-racines. Ces terminaisons, au nombre de cent, sont uniquement composées de voyelles : elles s'écrivent, comme les voyelles intercalaires, en petits chiffres placés à la suite et au-dessus des mots. Dans l'écriture comme dans la prononciation, le radical ne subit aucun changement, et rappelle toujours l'idée fondamentale. La terminaison seule indique la modification du sens.

Un mot-racine peut recevoir plusieurs modifications successives, par conséquent plusieurs terminaisons : on les sépare par une lettre euphonique.

Les modifications de genres, de nombres, de personnes, de temps et de modes sont exprimées par des chiffres-voyelles qui se placent devant le mot, et un peu au-dessus, en sorte que le radical conserve son invariabilité arithmétique.

Pour montrer par un exemple les modifications qu'un mot peut recevoir sans que son radical soit altéré, je prendrai le mot *from* traduction en lettre du nombre 203 qui, dans la langue universelle, signifie cheval.

Fromi (203^6) signifiera *de cheval* parce que la terminaison *i* (6) indique ce qui concerne l'objet, ce qui lui appartient.

Feurmou (203^4) signifiera *aller à cheval*, la terminaison *ou* (4) exprimant l'idée d'employer une chose à son usage naturel.

Firmeuo (203^{53}) signifiera *palefrenier*, parce que *euo* (53) indique celui qui garde une chose, qui veille sur elle.

Fromia (203^{61}) signifiera *écurie*, la terminaison *ia* (61) indiquant le lieu où se trouve une chose.

Fromaa (203^{11}) signifiera *troupeau de chevaux*, parce que *aa* (11) ajouté au radical exprime l'idée de la réunion, de la collection des êtres dénommés par ce radical.

Ces exemples sont loin d'épuiser les dérivés nombreux qu'on peut former avec le radical *che-*

val, tels que *cavalier, maquignonnage, coup de pied de cheval*, etc.

Je ne puis me flatter d'avoir donné, dans l'explication qui précède, une idée suffisante de la conception de **M.** Grosselin. Pour en montrer la simplicité, il me suffira de dire que la grammaire est exposée en quatorze pages, les mots-racines contenus dans six pages, et les terminaisons modificatrices dans quatre. Ainsi la grammaire complète et le dictionnaire complet de la plus riche de toutes les langues ne forment qu'une petite brochure de vingt-quatre pages d'impression. Je dis de la plus riche de toutes les langues, parce qu'en supposant que chaque mot reçoive successivement les cent terminaisons, on aurait un matériel de cent cinquante mille mots. Mais un radical modifié par une première terminaison peut l'être encore par une seconde qui s'ajoute à la première, et ainsi de suite. Le nombre des mots peut donc être infini. Comme le radical reste invariable et que la signification des terminaisons modificatrices est nettement déterminée, le sens des mots nouveaux que chacun est libre de créer n'est jamais douteux.

Je crois qu'il est dans la destinée d'une langue

universelle de n'être jamais sue que par l'homme de génie qui l'invente. Je dirai pourtant ceci : je n'ai jamais fait une étude suivie de la langue universelle de M. Grosselin ; mais à l'époque où il s'en occupait, il m'écrivit plusieurs lettres avec des caractères chiffrés de cette langue, et il ne m'était pas difficile de les lire, à l'aide du vocabulaire et du tableau des désinences. Je fus alors frappé de certaines locutions qui me parurent très-heureuses. Ainsi le mot *éternité*, qui ne se trouve pas dans le vocabulaire, était traduit par un mot chiffré dont le sens était *la durée de Dieu*. Le système inventé par M. Grosselin constituait donc tout à la fois une langue philosophique et poétique.

Le petit vocabulaire de la langue universelle peut être fort utile à celui qui veut apprendre une langue étrangère. Pour cela il ne faut que faire traduire chaque mot du vocabulaire dans la langue qu'on se propose d'étudier. Comme les quinze cents racines de ce vocabulaire expriment les idées qui sont la base de toutes les langues, celui qui les sait dans un idiome quelconque, possède une provision suffisante de mots pour se faire comprendre dans cet idiome.

Au milieu des occupations qui lui étaient imposées par ses fonctions et de celles qu'il se créait à
lui-même, M. Grosselin trouvait le temps de se
consacrer à l'éducation de son fils aîné, qui n'eut
jamais d'autre professeur que lui. A l'âge de seize
ans, celui-ci était déjà sténographe au *Moniteur
universel* et bachelier ès lettres. Il commença, à
la même époque, ses études de droit, le plus
jeune assurément des élèves qui prenaient place
avec lui sur les bancs de l'école.

C'est Mme Grosselin qui avait appris à lire à
l'aîné de ses enfants par les procédés ordinaires ;
et ce sont les difficultés de cette tâche qui avaient
engagé son mari à chercher, pour ses autres enfants, une méthode qui rendît la lecture plus facile et plus attrayante. « Dans l'enseignement de
la lecture, écrivit-il plus tard dans une préface, il
n'y a pas seulement à considérer l'intérêt de l'enfant, il faut aussi travailler à diminuer les fatigues
et les ennuis que cet enseignement impose aux
instituteurs et aux mères de famille qui veulent
elles-mêmes ouvrir à leurs enfants cette première
porte de la science. »

En 1846, Mme Crépy, sa sœur, ayant quelques intérêts engagés dans la librairie géographique Delamarche, M. Grosselin dut s'occuper des affaires de cette maison, et bientôt, à la retraite du chef de l'établissement, il en prit la direction. Dans cette occupation toute nouvelle pour lui, il trouva moins à satisfaire des goûts commerciaux qu'il n'avait guère, qu'à contenter son désir de s'occuper de l'éducation de l'enfance. Il perfectionna l'atlas bien connu du monde enseignant, sous le nom d'atlas Delamarche, et le compléta en y ajoutant de nouvelles cartes consacrées plus spécialement à la géographie historique et chronologique et à la géographie physique.

Aux globes, sphères et cartes qui formaient le fond de l'établissement, il ajouta divers objets qui rentraient dans ses idées particulières, par exemple des globes terrestres et célestes en cristal servant de garde-vue pour les lampes; des règles alphabétiques, glissant dans un composteur et pouvant former tous les mots; des cubes-alphabets pour composer toutes les syllabes; une boîte typographique avec composteur grammatical; des cartes collées sur bois et découpées en jeu de patience; des jetons emblématiques contenant les

faits caractéristiques de tous les siècles, un échi-
quier mnémonique, etc.

M. Grosselin revint à sa méthode de l'histoire
enseignée par des images, et il publia des cahiers
mnémoniques pour la chronologie. C'était, suivant lui, appliquer à l'étude de l'histoire un procédé analogue à celui qu'on emploie pour l'étude
de la géographie. Sur les cahiers, les événements
sont représentés par des images, comme les villes
le sont sur les cartes, par des signes de convention ; sur les cahiers, les événements sont disposés
relativement aux divisions du temps, comme les
lieux le sont sur les cartes relativement aux divisions de la sphère terrestre.

Dans ces cahiers mnémoniques, chaque feuille,
divisée en cent cases représente un siècle. En tête
de la feuille est une image emblématique dont le
nom, par la valeur numérale des consonnes qui le
composent, donne la date du siècle. Au devant de
chaque case, une autre petite figure représente,
par le même procédé, la date de l'année. L'élève
inscrit, dans les cases correspondant aux années,
la mention des faits historiques les plus impor-
tants. Toutes les cases ne sont pas remplies, à
beaucoup près, parce que chaque année ne pro-

duit pas un événement remarquable ; mais cela n'en vaut que mieux. Quand ensuite l'élève relit son cahier pour classer les faits dans sa mémoire, il s'y forme une association d'idées, par suite de laquelle il ne peut penser à un événement sans se rappeler en même temps l'image, ou ce qui est la même chose, la date.

Les images emblématiques représentant les siècles sont choisies de façon que leur nom, tout en donnant la date par la valeur numérale des consonnes (puisque dans ce système les consonnes seules ont une valeur et les voyelles sont comptées pour rien), se lie par un rapprochement facile à saisir avec un événement remarquable du siècle.

Voici quelques exemples des emblèmes représentant plusieurs des siècles de notre ère.

Le ve siècle, dans lequel eut lieu l'invasion des barbares dans l'Europe occidentale, est caractérisé par une volée d'*oiseaux* de proie.

Le vi^e siècle, qui a vu la plus grande partie du règne de Clovis, le réel fondateur de la première race de nos rois, est représenté par une *hache*, qui rappelle l'épisode du vase de Soissons, dans lequel Clovis frappa le soldat qui l'avait bravé.

Le ixe siècle, qui vit la France dévastée par les incursions des Normands, a pour emblème le *loup*, animal pillard.

Le xv⁰ siècle vit la grande et féconde invention de l'imprimerie. Aussi l'alphabet qu'on désigne généralement par ses trois premières lettres : **Abc**, ui sert-il naturellement d'emblème.

M. Grosselin avait la plus grande confiance en l'association de deux idées pour venir en aide à la mémoire. Il pensait notamment que pour la chronologie, science abstraite comme le temps qu'elle a pour objet, il est presque indispensable de recourir à un procédé artificiel, qui classe dans l'esprit, non seulement la série des faits, mais leurs dates. Suivant lui, l'idéal d'une méthode d'enseignement pour le premier âge de la vie, c'est d'y faire concourir l'ouïe, la vue et le toucher, c'est-à-dire les trois sens qui sont les principaux intruments de l'intelligence et de la mémoire, et qui n'agissent dans la plénitude de leur puissance que quand ils interviennent simultanément. Cet idéal, M. Grosselin s'en est approché dans plusieurs de ses procédés.

Les méthodes mnémoniques n'ont jamais été admises dans l'enseignement officiel, et nous ne savons s'il est facile de les introduire dans une classe nombreuse; mais M. Grosselin, qui en avait fait l'essai dans sa famille, s'était assuré qu'elles peuvent recevoir dans l'enseignement privé la plus heureuse application.

En 1848, M. Grosselin se rallia aux principes de liberté proclamés par la révolution de février. Ce n'est pas qu'il ne fût un ami de l'ordre; mais, sous le gouvernement de juillet, il avait vu avec un vif regret l'esprit de dévouement s'affaiblir de plus en plus dans la classe bourgeoise et y faire place à un égoïsme éhonté. La société lui paraissait menacée de périr, non par l'anarchie ou par le despotisme, mais bien par la corruption; il applaudissait donc à la crise violente qui pouvait la sauver.

Voulant contribuer, pour sa modeste part, à ramener le calme dans les esprits, il fit paraître, sous forme d'affiche, un journal hebdomadaire, intitulé : Justice et Charité, avec cette épigraphe : *La loi de charité veut que chacun se dévoue pour le bonheur de tous ; la loi de justice veut que tous se dévouent pour le droit de chacun.* Dans un programme qu'il se réservait de développer, il indi-

quait les sentiments, les actes, les institutions,
qui lui paraissaient de nature à établir la concorde
entre tous.

Ce journal n'eut que deux numéros. Dans les
temps de trouble, les voix honnêtes sont vite
étouffées par les clameurs des partis extrêmes.

Dans le deuxième numéro, je retrouve l'idée
d'une association d'un genre tout nouveau, dont
il entretint ses amis à plusieurs reprises. Pré-
voyant que bientôt les passions surexcitées feraient un appel aux armes, il voulait former une
phalange d'hommes de paix qui, dans ces luttes
fratricides, iraient, un rameau vert à la main, se
jeter entre les combattants et les conjureraient de
mettre bas les armes. Il ne doutait pas que beaucoup d'entre eux ne fussent les victimes de leur
dévouement ; mais il était convaincu que le sang
versé inspirerait contre les bourreaux une répro-
bation si générale et un tel sentiment d'horreur,
que leur cause serait à jamais perdue.

« Les chrétiens martyrs, disait-il dans son journal, ont conquis le monde : on cherchera vaine-
ment les conquêtes des chrétiens devenus persé-
cuteurs. C'est que les soldats trouvent devant eux
d'autres soldats prêts à les combattre, tandis que

les martyrs ne trouvent devant eux que des bourreaux.

« …Que tous les hommes qu'anime sincèrement
la foi républicaine, se lient aujourd'hui entre eux
par le serment de mourir, s'il le faut, martyrs
de leur foi, et le triomphe de la République
est assuré. Qu'ils jurent d'aller mettre leurs poi-
trines nues et désarmées entre leurs frères qui seraient prêts à s'entre-tuer, et, nouveaux christs,
ils sauveront encore une fois le monde : l'arbre de
la liberté, pour pousser des racines profondes et
vivaces, doit être arrosé du sang des martyrs, et
non du sang des combattants. »

Je trouve, dans le même numéro, une pensée
qu'il émettait souvent dans la conversation. « Le
christianisme primitif, disait-il, était l'amour de
l'humanité EN DIEU ; le christianisme nouveau doit
être l'amour de Dieu DANS L'HUMANITÉ. »

M. Grosselin ne se bornait pas aux paroles : il
fonda, au sein de la compagnie de garde nationale
à laquelle il appartenait, une Société d'assistance
fraternelle, et il prêta sa maison pour les réunions
que nécessita cette organisation. Pendant les trois
années difficiles qui suivirent 1848, la Société, dont
la caisse s'alimentait par les cotisations de ses

membres, par des loteries, des concerts, des sous-
criptions, vint en aide à bien des misères. Plus
d'une famille d'artiste réduite au dénûment, par
suite d'un chômage forcé, lui dut des secours
qu'elle pouvait accepter sans rougir. Cette association s'occupa des enfants : elle fonda deux lits
dans une crèche, établit un gymnase dans le jardin
d'une école du quartier Saint-André-des-Arts, et
distribua aux élèves des prix et des livrets de caisse
d'épargne. Elle institua aussi, dans la salle que
M. Grosselin mettait à sa disposition, des conférences et des cours publics.

En 1849, il fut nommé administrateur du bureau
de bienfaisance. Il ne se contenta pas de distri-
buer purement et simplement les bons de pain qui
lui étaient remis. Il allait fréquemment visiter les
pauvres, et il exigeait que ses commissaires fissent
comme lui. Il trouvait toujours, auprès des malheureux, la parole qui console, la parole qui
relève et moralise. Mettant en toutes choses son
esprit d'initiative, il cherchait par ses conseils à
améliorer leur position. C'est ainsi, pour n'en
citer qu'un exemple, qu'il engagea trois vieilles
femmes à demeurer ensemble pour diminuer
leurs frais de loyer, promettant de leur donner de

sa bourse un léger secours mensuel, tant qu'elles continueraient cette vie en commun.

En 1851, à la veille du coup d'État, M. Grosselin publia, sous ce titre : CHERCHEZ ET VOUS TROUVEREZ, quelques essais de morale et de politique populaire que, par pure modestie, il ne signa pas. Il ne se croyait pas le talent de l'écrivain. Les pages que nous emprunterons à sa brochure montreront à quel point il se trompait.

Il recherche quelles sont les causes de malaise social. Les deux principales, suivant lui, sont l'ambition en haut et l'esprit de révolte en bas; ces deux défauts sont la conséquence forcée d'un mauvais système d'éducation.

« Dans les écoles publiques ou privées, le programme d'instruction est tellement ordonné que les études les plus antipathiques à l'enfance sont précisément celles qu'on lui impose.

«... Pour suppléer à l'attrait qui leur manque, on a recours au plus dangereux des excitants, à la vanité, qu'il faut bien se garder de confondre avec cette noble émulation vis-à-vis de nous-mêmes, qui nous fait faire de constants efforts vers le bien, et nous fait dire : Je veux être meilleur ou plus instruit aujourd'hui que je ne l'étais hier.

«... Si, dans un tel système, on ne parvient à exciter le zèle des élèves d'élite, de ceux qui sont destinés à occuper les premiers rangs de la société, qu'en leur faisant entrevoir des satisfactions d'amour-propre, d'un autre côté, on n'obtient quelque travail de cette masse d'enfants, qui formeront un jour le corps de la nation, que par la contrainte et les punitions, par conséquent, en faisant naître chez eux la haine de leur maître.

« ...Les uns sortent des écoles avec le désir ardent de primer; les autres avec la haine et le mépris de l'autorité : confondant la règle avec l'oppression, ils seront toujours prêts à la révolte. »

A ce système d'éducation qui, pendant tout le cours des études, surexcite la vanité égoïste des élèves en leur criant : Il faut être les premiers! nous verrons plus tard M. Grosselin proposer un système d'émulation moralisante, par l'*institution des petites familles*.

Je recueille dans la brochure CHERCHEZ ET VOUS TROUVEREZ quelques autres pensées remarquables.

« La guerre civile est le dernier vestige de la barbarie, la guerre étrangère est le dernier égarement de l'humanité.

2.

« ... Ç'a été et c'est encore l'erreur d'un grand nombre d'hommes politiques, de croire que l'insurrection et la guerre peuvent faire avancer la civilisation. Ce qu'il faut reconnaître, ce qu'il faut proclamer, c'est que la civilisation a marché, non à cause de l'insurrection et de la guerre, mais malgré l'insurrection et la guerre, qui ont toujours eu pour résultat de ralentir le progrès social, quand elles ne l'ont pas arrêté tout à fait. »

Et plus loin :

« La raison d'État ou de salut public, invoquée pour la justification des mesures violatrices du droit commun, c'est l'utilité présente mise au-dessus de la justice éternelle; c'est la loi de Dieu abrogée par la loi des hommes; c'est l'intérêt de la postérité tout entière sacrifié, non pas même à l'intérêt d'une génération, mais à l'intérêt d'un parti.

« Un autre inconvénient de la raison d'État qui, à lui seul, devrait la faire bannir de la politique, ce sont les récriminations qui ne manquent jamais de s'élever lorsque, les événements s'étant éloignés, la justice peut faire entendre sa voix.

« Ces récriminations troublent les consciences et jettent de la déconsidération sur les hommes, sur les gouvernements et sur les partis qui, tour à tour, se sont appuyés sur ce funeste motif de la raison d'État. »

La brochure de M. Grosselin frappa vivement Lamartine, qui lui consacra un long article dans *le Pays*, journal dont il avait alors la direction politique. « Voilà un homme qui aime le peuple, disait-il. Prenez et lisez, ou plutôt prenez et donnez ce petit manuel de vérités honnêtes et populaires au peuple des villes et des campagnes. »

Privé de ses fonctions de sténographe-réviseur à l'Assemblée nationale, par suite du coup d'État et de la nouvelle constitution, qui supprima le compte rendu sténographié des débats dans les deux chambres, M. Grosselin reporta toute son activité sur les réformes et les améliorations à apporter dans les méthodes d'enseignement.

En 1852 il devint membre du conseil d'administration de la Société centrale d'éducation et d'assistance pour les sourds-muets en France. Il fut mis en relation avec M. Vaïsse, qui était alors le secrétaire général et l'agent le plus actif de cette association charitable, et qui depuis lors est devenu le directeur de l'Institution impériale; avec

M. Ferdinand Berthier, doyen des professeurs sourds-muets de l'Institution; avec M. de Puybonnieux, un des professeurs parlants; avec M. Pélissier, professeur sourd-muet, auteur d'un recueil de poésies où l'on peut s'étonner de voir un homme qui n'a pas la moindre idée des sons composer des vers pleins d'harmonie. M. Grosselin se mit bientôt au courant des procédés d'enseignement dont l'abbé de l'Épée a doté l'Institution et que ses successeurs se sont attachés. à perfectionner. M. Pélissier venait de publier un ouvrage intitulé *l'Enseignement des sourds-muets mis à la portée de tout le monde*. Cet ouvrage contient un certain nombre de tableaux, où sont représentés par des figures les signes principaux de la langue mimique. M. Grosselin vit là un moyen d'enseignement en rapport avec ses idées particulières. Il fit paraître, de concert avec M. Pélissier, les IMAGES MIMIQUES, c'est-à-dire quatre cent quatre-vingts petits cartons sur chacun desquels se trouvent représentés : d'un côté, le signe mimique dont se servent les sourds-muets pour figurer telle ou telle idée; de l'autre, l'expression de cette même idée en sept langues : en grec, en latin, en italien, en espagnol, en français, en anglais et en allemand, avec la prononciation indiquée en caractères sténographiques.

L'étude d'une langue devient ainsi une espèce de jeu : on prend une douzaine de ces cartons ; après avoir regardé l'image, on trouve au revers le mot français qui en donne l'explication, et le mot dans la langue étrangère que l'on veut apprendre ; puis on cherche à se rappeler et à prononcer ce dernier mot à l'aspect de l'image. Quand on est certain de bien savoir un certain nombre de ces mots, on met de côté les cartons qui les contiennent et l'on en prend d'autres, que l'on étudie de la même manière, en éliminant toujours les mots appris et en conservant ceux que l'on ne sait pas bien. Lorsqu'on a pratiqué cet exercice pendant quelque temps, on est en possession d'environ cinq cents mots de la langue que l'on veut apprendre, mots choisis parmi les plus essentiels, et de plus on connaît les signes qui les représentent dans la langue mimique.

Nous remarquerons que, dans cette étude, l'œil, l'oreille et la main agissent simultanément, et que l'écriture sténographique reçoit une heureuse application, en donnant la prononciation des mots dans les différentes langues.

M. Grosselin ne tarda pas à comprendre que la langue mimique, quand on veut l'apprendre complétement, est aussi difficile et peut-être plus difficile que tout autre langue. Il chercha un autre moyen de parler avec les doigts, applicable à la langue maternelle, et il crut l'avoir trouvé en inventant l'alphabet qu'il appela l'alphabet phono-dactylologique.

Il existe bien un alphabet manuel appelé sans trop de raison alphabet de l'abbé de l'Épée; mais cet alphabet, qui représente avec les doigts toutes les lettres dont chaque mot se compose, traduit l'écriture et ne peut être employé que dans les écoles où l'on initie les sourds-muets à la connaissance de la langue écrite et de l'orthographe. L'alphabet de M. Grosselin étant la traduction exacte de la parole permettait aux parents, même ne sachant ni lire ni écrire, de commencer l'instruction de leur enfant sourd-muet. Luttant de vitesse avec la parole, il présente encore un grand avantage sur l'alphabet dactylologique, dont l'emploi est long et fastidieux.

Rien de plus logique que l'alphabet phono-dactylologique. Notre langue contient dix consonnes fortes et huit consonnes faibles correspondant aux

huit premières. Elle contient aussi dix voyelles faibles et six voyelles fortes correspondant aux six premières. Comme nous avons dix doigts, on pourrait, en donnant une valeur numérale à chacune
des lettres, soit consonne, soit voyelle, les représenter en montrant, dans des positions opposées
de la main, le nombre de doigts auquel correspon-
drait la consonne ou la voyelle. Mais il est infini-
ment plus commode de parler avec une seule
main. M. Grosselin y parvient en donnant au pouce,
le plus gros des doigts, la valeur de cinq. Chaque
autre doigt a la valeur d'une unité. Au moyen de
cette combinaison, il est facile de représenter
avec une seule main les nombres de 1 à 9. De
convention, le petit doigt montré seul représente
le nombre 10.

Les lettres sont disposées dans l'ordre suivant,
qui donne leur valeur numérale :

Consonnes.
{ faibles, b, v, m, d, z, j, g (dur), n, l, r.
{ fortes, $p, f, m, t, s, ch, k, gn, ill, r$.

Voyelles.
{ faibles, $a, o, ou, e, é, i, an, on, in, un$,
{ fortes, $â, ô, u, eu, è, ye$.

On remarquera que parmi les consonnes m et r,
qui n'ont pas de correspondantes, figurent dans
les deux séries.

Cet alphabet s'exécute de la main droite, en tournant vers la personne à laquelle on parle, le dedans de la main, pour les consonnes; le dessus pour les voyelles.

Les lettres, consonnes ou voyelles, sont représentées, d'après leur rang au tableau ci-dessus, par un, deux, trois, quatre doigts, puis par le pouce qui vaut cinq, par le pouce et un doigt qui valent six, par le pouce et deux doigts, par le pouce et trois doigts, par le pouce et quatre doigts, enfin par le petit doigt seul.

Quand les lettres, voyelles ou consonnes, sont faibles, les doigts sont montrés verticalement; quand elles sont fortes, ils sont montrés horizontalement; mais toujours, comme nous l'avons dit, le dessus de la main tourné vers l'interlocuteur marque les voyelles, tandis que le dedans marque les consonnes.

Pour les sourds-muets qui ont à converser dans l'obscurité, M. Grosselin indiquait qu'il leur était facile de représenter les nombres qui servent de base à l'alphabet phono-dactylologique, par des pressions faites avec l'index dans la paume de la main pour les consonnes, et par des pressions faites avec le pouce sur le revers de la main pour les voyelles. Dans cet alphabet du toucher, on exprime l'élément 5 par deux pressions se succédant sans intervalle, et l'on différencie les lettres fortes des lettres douces par des pressions plus marquées.

Il semble qu'il n'y ait rien de plus simple et de mieux imaginé que cette méthode. On peut croire qu'appliquée dans une classe de jeunes sourds-muets dont on aurait à commencer l'éducation, elle obtiendrait un plein succès. Mais M. Grosselin croyait qu'il y a des inconvénients à séparer de bonne heure ces pauvres infirmes de leurs familles. Ce qu'il voulait surtout, c'était mettre les parents, même illettrés, en état de commencer l'instruction de leur enfant sourd-muet. C'était donc aux entendants-parlants qu'il s'adressait en premier lieu.

Afin de faire connaître sa méthode, M. Grosselin fit des conférences au grand amphithéâtre de l'École de médecine, et il ouvrit divers cours pour montrer que son alphabet pouvait être utile aux enfants entendants; en les exerçant à former les syllabes au moyen de leurs doigts, on les préparait, d'une manière amusante, à la lecture ordinaire.

Le succès ne répondit pas à son attente. Les

conférences laissèrent les auditeurs assez froids :
on trouva les procédés de l'auteur ingénieux,
mais peu pratiques. Les cours ne furent pas suivis.
M. Grosselin ne se découragea pas. Il avait la foi
de l'apôtre. Il se sentait sur la voie. Il chercha ce
qui pouvait manquer à sa méthode pour en rendre
l'action plus saisissante. Nous verrons tout à
l'heure comment il finit par le trouver.

Son attention se porta momentanément sur
d'autres objets.

Dans sa carrière sténographique, il avait souvent regretté que l'art qui lui permettait de
recueillir rapidement tous les mots d'un discours,
ne lui permît pas de rendre en même temps les
sentiments qui animaient l'orateur, sentiments
qui, bien plus que la pensée elle-même, électri-
saient l'assemblée.

Il pensait qu'il y aurait un grand avantage à
composer un système de signes qui indiquerait
au jeune orateur, au jeune artiste dramatique,
comme au jeune lecteur, toutes les nuances des
passions et des sentiments qui sont la véritable
vie de la parole. On a fait pour la musique quelque
chose de semblable : ne devrait-on pas le tenter

pour l'art de la parole, art appelé à une plus haute mission?

C'est pour combler cette lacune que M. Grosselin avait combiné, sous le nom de TONOGRAPHIE, un ensemble de signes faciles à retenir, à cause de leur analogie avec les sentiments qu'ils doivent représenter.

J. J. Rousseau, dans son *Essai sur l'origine des langues*, regrettait déjà que l'écriture fût privée de ces signes. « On écrit les voix, disait-il, et non pas les sons. Or, dans une langue accentuée, ce sont les sons, les accents, les inflexions de toute espèce qui font la plus grande énergie du langage. »

Pour noter les tons, les inflexions, M. Grosselin proposait trente signes fondamentaux qui, modifiés par des points et des accents, formaient plus de trois cents signes dérivés, propres à exprimer, jusque dans leurs moindres nuances, les passions et les sentiments.

En voici un exemple : Un cœur tracé, la pointe en bas, représente tous les sentiments de bienveillance et d'affection ; un cœur renversé, tous les sentiments de froideur et de haine.

Un cœur dans la première position, sans point ni accent, exprime la simple bienveillance ; avec l'accent grave, l'affection; avec l'accent aigu, l'amour.

Le même signe, avec un point au-dessus, au-dessous, à gauche ou à droite, et selon que ce point est ou n'est pas combiné avec l'accent, exprime : 1° la piété, la dévotion, le fanatisme; 2° la charité, la pitié, la compassion; 3° le souvenir affectueux, la reconnaissance, la gratitude; 4° le désir, la passion, la frénésie.

Le cœur renversé, sans point ni accent, exprime la froideur; avec l'accent grave, la haine; avec l'accent aigu, l'exécration.

Le même signe avec un point au-dessus, au-dessous, à gauche ou à droite, et selon que le point est combiné avec l'accent, exprime: 1° l'irreligion, l'impiété; 2° le dédain, le mépris; 3° le ressentiment, la rancune; 4° la crainte, l'effroi, la terreur.

On voit comment un seul signe, modifié par des points et des accents, est propre à exprimer les différences les plus délicates de la pensée.

Ce système de tonographie, M. Grosselin l'a exposé dans plusieurs conférences, mais nous ne croyons pas qu'il en ait rien publié. C'est à peine si, dans nos souvenirs et dans les papiers qu'il a laissés, nous avons pu trouver quelques indications relatives à ce sujet.

Il exposait aussi dans ses conférences un nouveau système de télégraphie dont il était l'auteur, et qui se pratiquait, pendant le jour, à l'aide de deux petits drapeaux, et pendant la nuit à l'aide de deux lanternes. Tous les moyens de transmettre la pensée étaient l'objet de ses études.

Vers l'année 1858, madame la baronne de Marenholtz, de Hanovre, vint en France faire connaître le système pédagogique de Frédéric Froebel. Cet instituteur allemand établit l'éducation sur une base nouvelle, c'est-à-dire sur l'*activité libre et spontanée* de l'enfant. C'est par ses propres efforts dirigés vers un but utile, que celui-ci doit développer d'une manière harmonique les forces et les facultés que Dieu lui a données. Froebel ne veut pas qu'on emmaillotte ni le corps ni l'esprit; il veut seulement qu'on guide l'enfant, et que par des mouvements, des chants, des jeux, des occupations propres à exercer autant l'âme que les membres, on gradue les impressions qui, dès son plus jeune âge, doivent éveiller ses forces physiques, morales et intellectuelles.

Froebel compare l'enfant à un jeune arbre, qui

n'emprunte pas au dehors, mais qui tire de lui-
même son feuillage, ses fleurs, ses fruits, plus ou
moins abondamment, selon les conditions dans
lesquelles il croît. L'éducation, suivant lui, doit
placer l'enfant dans les circonstances les plus fa-
vorables pour qu'il puisse développer librement
ses membres et son esprit, et de manière qu'il se
sente toujours en union avec sa famille, avec l'humanité, avec la nature, avec Dieu.

Ce principe nouveau d'éducation, Froebel l'a
mis en pratique dans ce qu'il a appelé « les Jardins
d'enfants, » sortes de salles d'asile profondément
modifiées. Le nom de ces institutions indique
l'idée qui a présidé à leur fondation. C'est, autant
que possible, à l'air libre, sous l'influence des phénomènes de la nature, qu'il faut élever les enfants.
La méthode que Froebel a tracée satisfait aux exi-
gences naturelles du jeune âge, notamment :
1° au besoin de mouvement physique, par des
rondes, des chants, des jeux gymnastiques qui
produisent le développement des membres ; 2° au
besoin de s'occuper, au besoin de *créer*, par des
cubes, des bâtonnets, des triangles, que l'on remet à l'enfant, et au moyen desquels, de lui-même
et sans modèle, il trouve des combinaisons de for-

mes, de dessins, de petites constructions ; 3° à sa tendance à planter, à cultiver, à jardiner ; 4° au besoin de vivre en société, par la vie dans la communauté des jardins d'enfants, etc.

M. Grosselin, qu'aucun procédé d'éducation ne pouvait laisser indifférent, fit plusieurs visites à madame de Marenholtz, dont je dois reconnaître que les explications n'étaient pas bien claires ; mais dans ce qu'il pouvait en comprendre, M. Grosselin entrevoyait que le système de Froebel donne satisfaction au besoin d'activité et de mouvement qui caractérise l'enfant, et qu'en outre la plupart des exercices sollicitent, comme il le demandait lui-même, l'action simultanée de l'oreille, de l'œil et de la main. Dans le salon de cette dame, il rencontra madame la baronne de Crombrugghe, dame belge, venue à Paris pour l'éducation de ses fils, et qui, plus tard, devait nous donner la traduction des deux principaux ouvrages de Froebel, *les Causeries de la mère*, et *l'Éducation de l'homme*.

Après le départ de madame de Marenholtz, madame la baronne de Crombrugghe, M. Grosselin et quelques autres personnes vouées au progrès, établirent une société de patronage des jardins d'enfants. Son but était de provoquer la fondation, à Paris et dans les départements, de ces gymnases de récréation et d'éducation pour le jeune âge, et d'y appliquer la méthode Froebel.

Cette société ne parvint pas à réaliser ses vues. Pour acheter ou même pour louer, dans un des quartiers populeux de Paris, un local suffisant avec un jardin, il eût fallu, à défaut d'un capital que la société n'avait pas à sa disposition, une subvention du ministre de l'instruction publique ou du préfet de la Seine ; et l'on sait qu'en France l'administration n'est pas portée à encourager les idées nouvelles.

Aux petits appareils très-ingénieux, imaginés par Froebel et destinés à servir à la fois de jeux et de moyens d'instruction, M. Grosselin emprunta les cubes, qu'il réduisit au nombre de dix. Il les faisait servir à divers usages. En mettant une lettre de l'alphabet sur chaque face des cubes, on exerce les enfants à former des mots ; en y mettant un chiffre, on leur donne une idée de la numération et des principales opérations de l'arithmétique. En distinguant les cubes par des couleurs, on les fait servir à de petites constructions symboliques, rappelant quelque idée morale. Chaque couleur a sa signification. Un modèle de ces constructions, qu'il se plaisait à faire faire aux enfants, est ce qu'il appelait l'édifice social, dont la base était la charité et la justice ; et le couronnement, la liberté.

C'est en 1861 que M. Grosselin apporta à son système phono-dactylologique le perfectionnement qui en fait une méthode attrayante, aussi bien pour les enfants doués de tous leurs sens que pour les enfants sourds-muets.

Le premier système était logique et philosophique ; le second laisse, en apparence du moins, la logique et la philosophie de côté, et se borne à chercher dans la nature les gestes qui peuvent le mieux figurer les sons et les articulations dont se compose la parole.

Une chose assez étrange, mais qui m'a été plusieurs fois attestée par lui-même, c'est qu'en composant son alphabet gesticulé, M. Grosselin n'avait eu en vue que les enfants entendants. Il avait remarqué que ce qui les rebute le plus dans l'étude de la lecture, c'est que les lettres et les syllabes leur sont présentées comme des abstractions. En cherchant à attacher une idée à chaque son et à chaque articulation de la voix, il avait été conduit à représenter cette idée par un geste. Il composa, sous le titre *Chants de l'alphabet*, une sorte de ronde ou de chansonnette, dans laquelle chaque lettre se trouve mimée par un mouvement de la main. C'est son petit-fils, Camille Blondel, alors âgé de huit ans, qui lui fit remarquer qu'il est facile de composer, avec ces gestes, un langage muet.

A ce nouveau système de lecture, M. Grosselin donna le nom de *phonomimie*, qui peut se traduire par *la mimique du son*.

Le procédé consiste à faire accompagner d'un geste de la main chaque son ou chaque articulation que la bouche prononce ; mais ce geste ne consiste plus à lever un certain nombre de doigts de manière à indiquer le chiffre, de 1 à 10, auquel correspond conventionnellement chaque voyelle ou chaque articulation. Non, le geste est pittoresque : tantôt il est le mouvement qui accompagne l'exclamation que nous arrache un sentiment subit d'admiration ou d'horreur ; tantôt il rappelle le cri, les mouvements, la forme de certains animaux ; le loup, le chien, le chat, le bœuf, la vache, le coq, le serpent ; tantôt il imite certains phénomènes naturels : le vol de l'oiseau, le zéphir agitant le feuillage, l'eau qui coule, l'eau qui jaillit, l'eau qui bout, la roue qui tourne, le balancier qui oscille, le souffle qui fait voler une plume ; le geste est aussi le mouvement par lequel on excite un cheval un peu lent, ou des chiens qui se menacent ; il est encore le signe par lequel on impose silence, celui par lequel on exprime le doute, l'oreille paresseuse ; ou l'indication du rire, du pleurnichement, du grognement, du nasillement, du bercement, de l'effort du boulanger qui pétrit la pâte, du charpentier qui manie la hache, de l'appel fait de loin, de la respiration qui manque.

Ces gestes animés, ces signes figuratifs, empruntés à des objets familiers et traduction fidèle des sons de la parole, sont aisément saisis par les enfants entendants, qui les reproduisent avec vivacité, avec gaieté. Ils sont en petit nombre, condition essentielle pour être bien retenus ; ils sont précis et bien distincts ; ils sont faciles à exécuter ; par leur moyen, les mots se forment et les idées se communiquent, d'une manière aussi nette et presque aussi rapide qu'avec la voix.

C'est dans sa famille, avec ses petits-enfants, que M. Grosselin fit l'essai de sa nouvelle méthode : il

put s'assurer qu'elle réalisait le dessein qu'il avait
en vue. L'alphabet phonomimique s'apprenait
vite; bien plus que l'alphabet des doigts, il donnait satisfaction au besoin de mouvement et d'i-
mitation, qui est dans la nature des enfants.

Les démonstrations publiques que M. Grosselin
en fit dans divers amphithéâtres de Paris, furent
moins satisfaisantes. L'auteur aurait pu douter
de l'efficacité de sa méthode appliquée à une réunion nombreuse d'élèves; mais il eut le bon esprit
de la porter dans la salle d'asile de la rue Bertholet : là, l'expérience réussit au delà de ses désirs.

Un autre témoignage vint bientôt s'ajouter à
celui-là : madame la baronne de Crombrugghe qui,
d'après les démonstrations faites à Paris et aux-
quelles elle avait assisté, n'avait pas conçu un
favorable augure du procédé nouveau, voulut
pourtant en faire l'essai à la crèche-école-gar-
dienne de Saint-Josse-ten-Noode (faubourg de
Bruxelles,) vaste établissement d'éducation enfantine dont cette dame a la haute direction. Là encore, la méthode obtint un plein succès. L'auteur
de cette notice eut l'occasion de constater que,
sans qu'on eût besoin de les stimuler, les enfants
y exécutaient les exercices phonomimiques avec

un entrain remarquable, et que ces exercices mé-
nageaient les forces de la maîtresse.

C'est un point sur lequel il me sera permis d'in-
sister. Dans un grand nombre de salles d'asile,
les forces de la maîtresse s'épuisent promple-
ment et sa santé se perd : elle est constamment
obligée de parler, de menacer pour rétablir l'ordre,
pour réveiller l'attention. Cette parole continue, par
laquelle elle est souvent forcée d'élever le timbre
naturel de sa voix, constitue un danger pour sa
poitrine : elle est de plus une fatigue et un ennui
pour les enfants. En écrivant sur les salles d'asile,
en 1857, je signalais déjà les inconvénients graves
qui résultent pour les maîtresses, de l'usage ex-
cessif qu'elles sont obligées de faire de la parole
quand, comme cela a lieu dans presque tous les
arrondissements de Paris, on reçoit un nombre
d'enfants supérieur à celui qui est fixé par les rè-
glements, et j'ajoutais : « La mission d'une directrice de salle d'asile exige tant de dévouement, de
courage et d'abnégation, qu'on peut la considérer
comme un apostolat. N'en faisons pas un mar-
tyre. »
La méthode phonomimique, féconde en bons

résultats, même en résultats non prévus par son auteur, est venue apporter une très-heureuse amélioration, sous ce rapport, dans le régime des salles d'asile ; la lecture, cause habituelle de tant d'efforts et de fatigue pour les maîtresses et de contrainte pour les élèves, y est devenue un exercice de prédilection pour les unes et pour les autres. Ainsi se trouve résolu ce difficile problème : pour les maîtresses, d'enseigner sans menacer, sans punir ; pour les enfants, d'apprendre sans répugnance, sans larmes.

Pour quiconque a suivi, dans une classe, les exercices phonomimiques, la solution est toute naturelle : l'oreille, l'œil et la main des élèves agissant simultanément, il n'y a pas de cause de distraction pour eux ; leur attention tout entière est occupée. Et la maîtresse, en interrogeant toutes ces mains qui parlent, s'assure d'un coup d'œil que tous suivent la leçon avec fruit, et on peut le dire, avec joie.

Si les autres exercices d'une classe se faisaient avec la même animation, ce serait *l'éducation attrayante*, mot nouveau, que tant de personnes regardent comme une utopie.

A l'asile de la rue Bertholet, il se produisit divers faits qu'il est bon de noter : la plus grave punition infligée aux enfants fut de les exclure du cercle où lisaient les autres; et de petits convalescents désertant la maison paternelle où l'on voulait, par prudence, les retenir, se rendirent à l'asile pour prendre leur leçon de lecture. Nous voilà bien loin de cette autre désertion, appelée *l'école buissonnière*. Enfin, en quelques mois, la population enfantine de l'asile fut plus que doublée.

Dans ses voyages, M. Grosselin proposait sa méthode aux instituteurs et aux institutrices. Chez les sœurs de la doctrine chrétienne, à Givet, se trouvait une jeune fille sourde-muette. La sœur qui dirigeait l'institution fit bon accueil à une méthode qui lui permettait d'instruire cette petite fille. L'essai qu'elle en fit ayant réussi, la méthode fut introduite dans l'asile et les écoles de Givet. Plus tard, M. Grosselin fit venir à Paris cette jeune fille, nommée Juliette Fraison, et la mit en pension. Elle fut utile dans les exercices publics qu'il donnait de sa méthode, et dans les salles d'asile, où elle servait souvent de monitrice aux enfants parlants.

Une grande satisfaction était réservée à l'auteur du procédé phonomimique. Il avait demandé à en faire un essai dans l'asile, annexe du cours pratique des salles d'asile, rue des Ursulines. Mme Pape-Carpantier, qui dirige cet établissement, s'y prêta de bonne grâce, bien qu'elle eût peu d'espoir dans la réussite. L'exposition de la méthode que M. Grosselin lui avait faite l'avait laissée indifférente; mais elle le connaissait pour un homme sérieux et dévoué au progrès de l'enseignement. Un petit groupe d'élèves de bonne volonté fut donc mis à la disposition de M. Grosselin, qui leur donna une leçon tous les jeudis. Au bout de deux ou trois mois, c'est-à-dire après dix ou douze leçons, Mme Pape-Carpantier fut appelée à constater que la communication s'était établie entre les enfants de l'asile et la jeune sourde-muette Juliette Fraison. Celle-ci leur parlait en gestes, et ils répondaient sans embarras de la même manière. La prévention défavorable que Mme Pape-Carpantier avait conçue contre la méthode céda devant l'évidence. Avec une bonne foi parfaite et une conviction désormais inébranlable, elle reconnut que l'introduction régulière de la méthode phonomimique dans les salles d'asile présenterait des avantages sérieux, et elle adressa à ce sujet un rapport circonstancié au président de la commission de surveillance du cours pratique des salles d'asile.

Elle fit plus : avec la collaboration de M. et Mᵐᵉ Delon, elle publia une méthode de lecture d'après le procédé phonominique.

On peut se demander comment des personnes d'une autorité aussi incontestable en fait d'enseignement que Mᵐᵉ Pape-Carpantier et Mᵐᵉ la baronne de Crombrugghe avaient pu accueillir le procédé phonomimique avec une défiance manifeste, quand la moindre épreuve faite dans une classe de petits enfants avait suffi pour en démontrer l'excellence. A cette demande voici la réponse que l'on peut faire : Le procédé s'adresse à de tout petits enfants; il est approprié à leur âge, par conséquent *enfantin*. Par cela même il n'est pas de nature à être goûté tout d'abord par les personnes qui ayant étudié d'une autre manière, sont habituées à des méthodes plus adaptées à l'âge adulte. Au premier abord la phonomimie ne paraît pas sérieuse : c'est plutôt, semble-t-il, un jeu propre à amuser les enfants pendant quelques instants qu'un moyen de les instruire. On voudrait des com-

binaisons plus savantes, des rapports mieux fon-
dés entre les signes et les sons. Mais ces rapports,
ces combinaisons, ne seraient pas saisies par les
enfants avec la même facilité, avec le même plaisir. Les mères et les nourrices s'y entendent mieux
qu'un savant, quand il s'agit d'apprendre à parler
à leur nourrisson : elles prennent son langage.
M. Grosselin a fait comme les mères et les nourrices. J. J. Rousseau a dit avec beaucoup de raison : « L'enfant a des manières de sentir, de voir,
de penser, qui lui sont propres. Rien de moins
sensé que de vouloir y substituer les nôtres. »

Dire d'une méthode qu'elle est savante, qu'elle
est logique, c'est un éloge quand elle s'adresse
à des jeunes gens, à des hommes. Dire qu'une
méthode est puérile, enfantine, c'est aussi un
éloge quand elle est faite pour de très-jeunes enfants.

Se mettre à la portée de son auditoire, quel
qu'il soit, c'est la vraie science de l'orateur, et
plus encore du professeur.

Désormais assuré de la bonté de la méthode
phonomimique, aussi bien pour l'enseignement de
la lecture aux enfants doués de la parole que pour
l'instruction à donner aux sourds-muets, M. Gros-

selin se dévoua à la propager. Il obtint du ministre de l'instruction publique l'autorisation de l'exposer dans les écoles normales primaires des départements, de quelques administrations de chemins de fer son parcours gratuit, et le voilà allant du nord au midi, portant partout sa méthode, partout bien accueilli, sauf peut-être dans les établissements consacrés spécialement aux enfants sourds-muets. Ce n'est pas un reproche que je prétends faire aux directeurs de ces établissements. Dans l'éloignement irréfléchi qu'ils témoignaient pour le procédé phonomimique, M. Grosselin, dans ses moments de vivacité, voyait l'obstination de la routine et l'orgueil de la spécialité. Mais si souvent des réformateurs, dédaigneux des leçons de l'expérience, ont voulu bouleverser l'enseignement des écoles spéciales en substituant aux méthodes qu'on y emploie des procédés nouveaux, dont le moindre examen montrait le peu de valeur, que l'on peut comprendre la réserve et la défiance des maîtres de ces écoles. Si, dans un avenir prochain, le procédé phonomimique doit y entrer, c'est qu'il a déjà pour lui la sanction de l'expérience.

Les voyages continuels qu'entreprenait M. Gros-

selin pour répandre son enseignement, chagri-
naient souvent sa famille. On le voyait, non sans
inquiétude, s'exposer à tant de fatigues ; mais sa
généreuse nature ne lui permettait pas de s'arrêter. « Quand ses petits-enfants, — a dit M. Albert
le Roy, — cherchaient à le retenir et lui disaient :
Grand-père, nous aussi, nous avons besoin de tes
leçons ; M. Grosselin, persuadé qu'à son foyer domestique l'instruction ne manquerait pas, répon-
dait : Mes amis, il y a d'autres enfants, qui, plus
que vous, ont besoin de mes leçons ; et il partait. »

En effet, pour tous ceux qui, comme M. Grosselin, ont quelque chose dans la tête ou dans le
cœur, l'amour de la famille, sans rien perdre de
son caractère propre, s'agrandit et s'étend jusqu'à
l'amour de l'humanité.

Il ne bornait pas cette propagande à la France ;
il se rendit en Belgique, en Suisse, en Allemagne,
aux sessions de l'Association internationale pour le
progrès des sciences sociales. Les questions de l'enseignement y tenaient le premier rang. M. Grosselin y exposait sa méthode ; et dans les autres
matières en discussion, il faisait entendre sa parole de paix et de raison.

Désireux de se rattacher à toutes les institutions qui ont pour but de répandre l'instruction et l'éducation parmi les enfants et les adultes, il entra, en 1864, dans la Société pour l'instruction élémentaire; à peine admis, il devint un des membres de son conseil d'administration et de son comité d'inspection, ce qui lui permit de visiter un grand nombre d'écoles. Cette société ayant eu l'heureuse idée de rétablir, dans l'année même où M. Grosselin y entrait et après une longue interruption, ses cours normaux en faveur des dames et des jeunes filles qui se destinent à l'enseignement, M. Grosselin prit, avec empressement, sa place parmi les professeurs; il se chargea d'un cours de sténographie, de phonomimie, et des procédés accessoires qui permettent de donner le même enseignement, dans la même classe, aux sourds-muets et aux entendants-parlants.

Il se fit aussi admettre dans l'Association philotechnique, œuvre créée par des hommes de cœur, le lendemain de la révolution de 1848, pour propager l'instruction parmi les adultes. Là encore il fit deux cours, l'un dans une des salles du lycée Charlemagne, l'autre à la Sorbonne. Ses sujets favoris, la phonomimie et la sténographie, en formèrent la matière. Il y fit aussi des conférence qui, destinées principalement aux institutrices et aux directrices de salles d'asile, étaient accompagnées d'exercices pratiques.

Comme tous les membres de sa famille passaient la belle saison à la campagne de M. Blondel, son gendre, à Savigny-sur-Orge, il se fit nommer délégué de l'Académie, pour l'inspection des ·écoles du canton de Longjumeau. Il y faisait de fréquentes visites. « Elles étaient des fêtes (a dit M. Linarès, inspecteur de l'instruction primaire de Seine-et-Oise), pour les petits enfants, dont par lui les études de lecture étaient devenues des jeux charmants et féconds. »

C'est ainsi qu'à l'âge où les autres se reposent, M. Grosselin déployait une activité que montrent peu d'hommes dans la plénitude de leurs forces.

En 1865 il fonda la Société pour l'enseignement simultané des sourds-muets et des entendants-parlants. L'objet de la Société est déterminé par son titre; ses moyens d'action, indiqués en l'article 2 de ses statuts, sont : 1° la constitution de bourses au profit d'enfants sourds-muets, qui sont placés comme internes dans des pensionnats d'entendants-parlants ou qui, nourris et couchés chez des particuliers, vont, comme externes, recevoir leur instruction dans les écoles, soit libres, soit publiques ; 2° la distribution de récompenses aux instituteurs et institutrices qui contribuent au succès de l'œuvre.

M. Charles Perrier, député de la Marne, accepta la présidence de l'œuvre. Homme dévoué au progrès, il avait vu dans la ville d'Épernay, dont il est maire, les heureux résultats de la méthode phonomimique, et de petites filles sourdes-muettes élevées dans un asile avec les entendants-parlants.

La ville de Sedan, la ville de Givet, la ville de Donchery, prirent rang parmi les fondateurs de la Société. C'est que, dans ses courses, M. Grosselin n'avait pu oublier le département des Ardennes, où il était né, et où il avait des parents et des amis.

La société se garda bien d'exclure les dames qui, dans les questions d'éducation, devraient plutôt tenir le premier que le second rang. Plusieurs d'entre elles prirent place au conseil d'administration, et les fonctions de vice-présidente furent données à une dame.

Les débuts de la société furent modestes : elle

s'établit sans bruit, presque sans publicité, et sans chercher, dans les hautes régions, un patronage qui eût pu entraver sa liberté. Rien n'était plus éloigné des idées du fondateur et des personnes qui se réunirent à lui, que le charlatanisme trop souvent employé, de nos jours, pour donner à des idées sans valeur une vogue momentanée. La société n'en poursuivit pas moins son œuvre ; et en 1868, elle reçut d'un généreux bienfaiteur, tenant de très-près à M. Grosselin, un don de 20,000 francs, qui lui permit d'étendre le cercle de son activité.

Au mois de juin 1866, M. Perrier, président de la société, convia ses collègues du Corps législatif à une séance où M. Grosselin devait exposer son procédé phonomimique. La loi sur l'instruction primaire, présentée par le ministre, mais qui ne fut votée que l'année suivante, donnait de l'opportunité à cette démonstration. Les députés, en trop petit nombre, qui y assistèrent, parurent vivement intéressés par les communications faciles et rapides qui s'établirent entre un enfant entendant, âgé de trois ans et demi, et deux jeunes sourdes-muettes présentes à cette séance.

L'exposition universelle de 1867 ouvrait à M. Grosselin une trop belle carrière pour qu'il ne s'empressât pas d'y entrer. Il rencontra bien des obstacles. Après de nombreuses démarches, il obtint que les tableaux de la méthode phonomimique figureraient dans une des salles consacrées à l'histoire et aux progrès de l'enseignement. Mais on ne leur accorda qu'une place restreinte, tout au haut d'une muraille. Eussent-ils été exposés d'une manière plus accessible aux regards du public, ces tableaux n'auraient été qu'une lettre morte. Pour être compris, ils avaient besoin d'une explication : il fallait de plus être en mesure de répondre aux demandes et aux objections qui ne pouvaient manquer de se produire. M. Grosselin comprit que l'attention ne serait attirée que par quelque chose d'animé, de vivant, qu'il était indispensable, en un mot, de montrer les procédés en action. Il s'agissait de trouver un emplacement convenable. *Cherchez et vous trouverez*, dit l'Évangile. C'est ce que fit M. Grosselin. La société Coignet et compagnie avait élevé dans le parc, comme spécimen de ses constructions en béton aggloméré, un pavillon resté vide, devant lequel on passait sans s'y arrêter. A la demande de M. Grosselin, cette société mit obligeamment ce pavillon à sa disposition; celui-ci s'empressa d'y installer une véritable école, qu'il garnit de ses tableaux et de ses bancs : elle fut bientôt fréquentée, soit par des enfants d'exposants, soit par des enfants de la salle d'asile de la rue Bertholet; ils étaient amenés, chaque jour, par Mlle Gaudon, la directrice dévouée de cet établissement, où la méthode avait reçu sa première application, ou par ses adjointes, Mlle Marye et Mme Forbin. Ces dames secondèrent vaillamment M. Grosselin dans la tâche qu'il s'était imposée. Pendant cinq mois et durant de longues heures, on put voir celui-ci dirigeant la classe et enseignant, aux visiteurs qui se renouvelaient sans cesse, les divers procédés employés par lui pour l'éducation des sourds-muets et pour l'enseignement de la lecture, répondant à toutes les observations, épiant les physionomies, pour convaincre ceux qui paraissaient douter et pour entraîner ceux qui commençaient à croire.

De jeunes sourdes-muettes, témoignage irrécusable de l'efficacité de la méthode, étaient là, faisant la leçon aux enfants entendants-parlants, et conversant avec ceux des spectateurs qui, au bout de la leçon, étaient en état d'employer le langage phonomimique. Les mots que ces visiteurs de bonne volonté essayaient de former au moyen de l'alphabet gesticulé, étaient écrits sur le tableau noir par les jeunes sourdes-muettes, qui répondaient de la même manière aux questions qu'on leur adressait.

Les instituteurs, auxquels le ministre de l'instruction publique avait eu la bonne inspiration de rendre le voyage possible, prenaient surtout intérêt à ces démonstrations pratiques. Beaucoup d'étrangers aussi voulaient être initiés à tous les détails de la méthode. Comme, en modifiant ou en ajoutant quelques signes, elle peut trouver son application dans toutes les langues, ils déclarèrent qu'ils en feraient l'essai dans leurs pays.

Ces témoignages de sympathie ne pouvaient manquer d'attirer l'attention du jury. M. Flandrin, conseiller d'État, président de la classe 89, et plusieurs jurés français et étrangers, entre lesquels il convient de citer les délégués de l'Angleterre, de la Prusse et de la Belgique, se rendirent à l'École Turgot, où ils assistèrent à une séance pratique. C'est donc en parfaite connaissance de cause, et après s'être assuré que la méthode phonomimique peut être, pour les sourds-muets de tous les pays, la source d'un grand bienfait, que le jury décerna à son inventeur une médaille d'argent. Ce n'était pas une récompense ordinaire, mais, en raison des circonstances qui viennent d'être rappelées, une récompense vraiment internationale.

Dans la pensée de son auteur, la phonomimie n'était pas seulement une méhode de lecture attrayante et un procédé permettant de faire participer les sourds-muets à tous les exercices d'une école d'entendants-parlants; il l'appliquait aussi à l'enseignement de l'orthographe, de l'analyse et du calcul. Pour cela, il faisait intervenir la sténographie, qu'il aimait à associer à tous ses procédés d'enseignement.

Pour l'orthographe, la dictée faite par gestes est écrite en sténographie par les élèves. Puis chaque élève retranscrit sa sténographie en écriture usuelle. Si, lorsqu'il s'agit d'apprendre à lire, l'enfant découvre lui-même, par la pratique et l'observation, les règles de la prononciation, de lui-même aussi, quand il s'agit d'apprendre l'orthographe, il découvre, par la pratique, l'observation et la comparaison, les règles de la grammaire. Il ne reste plus qu'à formuler ces règles pour les lui faire retenir.

Il peut en outre, par ce procédé, se faire la dictée à lui-même. A-t-il copié en sténographie une page d'un livre, le lendemain on lui fait transcrire cette page en écriture usuelle. Après quoi on lui remet le livre sous les yeux, ce qui lui permet de corriger les fautes qui lui ont échappé.

Pour l'analyse grammaticale et pour l'analyse logique, l'une et l'autre si longues, si rebutantes, quand il faut les faire par écrit sur le papier, M. Grosselin a inventé un petit nombre de signes manuels qui permettent de faire rapidement cette décomposition des mots, des propositions et des phrases. A ces signes manuels correspondent des signes graphiques ou écrits qui, sur le tableau noir ou sur le papier, permettent d'indiquer, d'une manière très-abrégée, la partie du discours à laquelle chaque mot appartient, et aussi les modifications qu'il peut recevoir, c'est-à-dire les genres, les nombres, les conjugaisons, les temps, les modes, les personnes. Les signes de l'analyse grammaticale s'écrivent *sous* les mots; ceux de l'analyse logique s'écrivent *au-dessus* des

4.

mots, lorsqu'ils désignent les sujets, les attributs, les verbes et les compléments de toute nature; *entre* les mots, lorsqu'ils sont destinés à séparer les propositions, et *devant* la phrase lorsque leur emploi est d'indiquer que la phrase est affirmative, négative, interrogative, impérative, prohibitive, conjonctive ou conditionnelle.

M. Grosselin reproduisit un autre système qui facilite les premiers exercices d'analyse grammaticale, système dont il s'était servi avantageusement dans l'éducation de ses enfants. C'est un tableau portant dix coulisses horizontales, diversifiées par leurs couleurs; elles sont destinées à retenir des mots écrits ou imprimés sur des bandes étroites de carton. Chaque coulisse correspond à une des dix espèces de mots que l'on désigne en grammaire sous le nom de *parties du discours*.

Comme dans un grand nombre de ses méthodes, M. Grosselin, s'adressant à l'intelligence et aux yeux, cherchait, dans une association d'idées, un moyen de faire retenir le caractère spécial de chaque espèce de mot. Pour lui, le choix des couleurs n'était pas arbitraire; il voulait que la couleur rappelât le rôle, la fonction du mot. Ainsi, dans ce tableau analytique, le *jaune*, couleur de l'or, dont l'usage, sous forme de monnaie, est de représenter les *choses* au point de vue de leur valeur, représente le mot qui sert à nommer les choses, c'est-à-dire le nom ou le substantif.

Le *rouge*, couleur du sang, qui est le symbole de la vie, représente le verbe, le mot vivant par excellence, celui qui exprime l'existence, l'action.

Sans aucun doute, ces analogies des couleurs peuvent être discutées; mais il suffit qu'elles intéressent les enfants. Ils les retiennent et y trouvent un guide qui les mène à distinguer facilement les différentes espèces de mots.

Pour l'application de la phonomimie aux exercices de calcul, M. Grosselin reprenait sa manière d'indiquer les chiffres de la numération arabe, d'une seule main, le pouce valant 5.

Les doigts tenus verticalement, l'extrémité en haut, représentent les unités, de une à neuf.

Les mêmes doigts, la main tenue horizontalement, la paume en dehors, représentent les dizaines, aussi de une à neuf.

La main tenue horizontalement, la paume contre la poitrine, les doigts représentent les centaines, de une à neuf.

Enfin, la main tenue verticalement, mais les extrémités des doigts tournées vers la terre, indique à quelle classe ou tranche appartient le groupe d'unités, de dizaines et de centaines que l'on vient de former. Ainsi, la main étant tournée en bas, un doigt marque la tranche des unités ; deux doigts marquent la tranche des mille ; trois doigts, la tranche des millions, etc.

Veut-on figurer une fraction, on représente d'abord le numérateur de cette fraction comme on eût représenté un nombre entier ; puis on indique l'idée de division renfermée dans le dénominateur en plaçant l'index d'une main en croix sur les doigts de l'autre main, lesquels représentent le nombre des parties faites dans l'unité.

Le zéro n'a besoin d'être représenté par un geste que dans les cas où la voix doit l'énoncer, c'est-à-dire quand il est le résultat d'une opération. En ce cas, il est représenté par le petit doigt.

Les quatre opérations fondamentales de l'arithmétique peuvent se figurer également par des positions de la main.

1° Les deux mains placées verticalement l'une *près* de l'autre indiquent que les nombres représentés par les doigts de chaque main (le pouce valant toujours 5) doivent être *additionnés*.

2° Les deux mains placées verticalement l'une *au-dessous* de l'autre indiquent que le nombre figuré par les doigts de la main inférieure doit être *soustrait* de celui que la main supérieure représente.

3° Les deux mains posées en croix (en imitant le signe écrit de la multiplication ✕) indiquent que les nombres représentés par chacune des deux mains doivent être *multipliés* l'un par l'autre.

4° Les deux mains placées l'une au-dessous de l'autre, la supérieure verticale, l'inférieure horizontale, indiquent que le nombre exprimé par la première doit être *divisé* par celui que représente la seconde.

Dans ces divers exercices, les doigts, quelles que soient leurs positions, n'indiquent que des unités simples.

Si l'on voulait opérer sur des nombres plus grands que 9, l'opération s'indiquerait préalablement et distinctement des nombres, au moyen des deux mains fermées.

Les résultats des opérations doivent être exprimés de la voix et du geste, ou du geste seulement. Lorsque le nombre qui sert de réponse à la question est composé de dizaines et d'unités, on désigne les dizaines de la main droite, et les unités de la main gauche.

M. Grosselin s'était aussi occupé des aveugles. Par l'ouïe et par la parole, l'enfant aveugle est, dès son jeune âge, en communication d'idées avec ceux qui l'entourent. Ce qui lui manque, c'est l'ami, toujours présent et toujours fidèle, qu'on appelle un livre. On a bien imprimé, pour les aveugles, des livres en caractères saillants, d'après le procédé de Valentin Haüy ; mais les difficultés de notre orthographe sont telles qu'il faut un assez long apprentissage avant que l'enfant aveugle puisse les lire. Il est donc utile de mettre à la disposition de ce petit infirme une écriture beaucoup plus simple, débarrassée des entraves de l'orthographe, et dont les caractères soient facilement et promptement perceptibles par le toucher. C'est à quoi songeait M. Grosselin : il avait composé un alphabet phonétique en points saillants, c'est-à-dire un alphabet dont chaque signe ne représente qu'un seul élément de la parole (son ou articulation). Une telle écriture se lit avec la plus grande facilité, dès qu'on connaît la valeur de ces signes.

A l'alphabet phonétique en points, qu'il inventa vers 1850 et qu'il modifia ensuite, il en substitua, vers la fin de sa vie, un autre beaucoup plus simple et plus facile à retenir. Toutes les voyelles ordinaires ou les sons simples y sont figurés par quatre points, dans des positions diverses ; les voyelles nasales *an, in, on, un,* par cinq points ; *oi* par six points. Les consonnes ou articulations douces ne comportent que deux points, et les articulations fortes trois points. Cet alphabet nouveau a été imprimé pour la première fois dans le livre *Sourds-muets et aveugles,* que l'auteur de cette notice a publié récemment sous le pseudonyme Louis Ybert.

Si l'on imprimait, ou plutôt si l'on piquait des livres en caractères de cet alphabet du toucher, non-seulement l'enfant privé de la vue les lirait de bonne heure, mais il pourrait s'en servir pour apprendre seul la lecture en caractères ordinaires et l'orthographe. Il suffirait que l'on plaçât devant lui une page en points piqués, et la même page, ou plutôt une page analogue, imprimée en caractères saillants. En déchiffrant cette seconde page, ce qui lui serait facile, il apprendrait les différentes manières d'écrire et d'orthographier un même son. Au moyen de la page phonétique, il se contrôlerait et se corrigerait à chaque ligne.

L'instruction ne suffit pas, il faut développer les sentiments moraux de l'enfance. Notre système d'éducation à tous les degrés est fondé sur l'émulation, mais sur l'émulation personnelle et conséquemment égoïste. Soyez le premier! Voilà ce qu'on ne cesse de répéter à l'enfant depuis le jour où il entre dans une classe jusqu'à celui où il la quitte. Pour le premier sont les bonnes notes, les caresses, les récompenses, les couronnes décernées sur un théâtre, en présence des familles et des autorités, aux applaudissements de tous. Ce système ne doit-il pas fausser notre raison en nous montrant toujours le bien, le juste, dans les actions humaines, subordonnés au succès? Sorti de l'école ou du lycée, le jeune homme voit que, dans le monde, il n'y a guère que deux moyens d'être le premier : la richesse et les fonctions publiques ; la richesse, acquise n'importe comment ; les fonctions publiques, où l'on n'entre et où l'on n'obtient de l'avancement que grâce aux protections.

Bernardin de Saint-Pierre avait déjà montré les inconvénients de ce système d'éducation, auquel il attribuait l'esprit inquiet, ambitieux, tracassier des Européens.

M. Grosselin l'avait aussi combattu dans son journal publié en 1848 et dans sa brochure *Cherchez et vous trouverez*, dont nous avons à dessein reproduit quelques pages.

En visitant la colonie agricole de Mettray et d'autres établissements analogues en France, en Suisse, en Belgique, il avait été frappé d'une organisation qui, groupant les enfants par familles, a pour but et pour résultat d'exciter l'émulation du bien, non entre les élèves, mais entre les différents groupes ou les différentes familles.

Cette émulation, qu'on peut appeler collective et qui nous porte à honorer, en dehors de nous, par nos talents et nos vertus, la famille, petite ou grande, dont nous faisons partie, il crut qu'il y avait tout avantage à la substituer dans nos écoles à l'émulation personnelle. Il adressa à ce sujet, en 1864, une note à M. Duruy, ministre de l'instruction publique, qui autorisa M. Grosselin à tenter, dans diverses écoles primaires, l'établissement des *petites familles*.

Heureux de cette approbation du ministre, M. Grosselin s'entendit à cet effet avec divers chefs d'école; il annonça qu'il décernerait en 1868 une médaille d'or de 100 francs à l'instituteur ou à l'institutrice qui aurait le mieux organisé et fait fonctionner, dans sa classe, le mode d'émulation par groupes. Cette médaille fut méritée par un instituteur du canton de Longjumeau.

Voici comme on procède, dans une école, à l'organisation d'une *petite famille* :

Les enfants élisent, par un scrutin de liste, sous le titre de frères ou sœurs aînés, et dans la proportion d'un sur huit, neuf ou dix, les élèves qui se distinguent le plus par les bons exemples et les bons conseils qu'ils donnent à leurs camarades.

Les frères et sœurs aînés, dans l'ordre déterminé par le sort, choisissent ensuite, un à un, parmi les élèves grands et petits, ceux qui devront composer leurs familles respectives.

Tous les membres de chaque famille sont solidaires, c'est-à-dire que les bonnes et les mauvaises notes données à un élève sont portées au compte de la famille à laquelle il appartient.

A la fin du mois, les noms des familles sont inscrits sur un tableau d'honneur, dans l'ordre de leur mérite. Des points sont attribués à chaque famille, en raison de la place qu'elle occupe sur le tableau. Par exemple, s'il y a huit familles, on donne sept points à la première, six points à la deuxième, cinq points à la troisième, quatre points à la quatrième, trois points à la cinquième, deux points à la sixième, un point à la septième, et zéro point à la huitième.

A la fin de l'année, on fait la récapitulation générale des points, et la famille qui en a obtenu le plus reçoit une récompense collective, consistant en une médaille sur laquelle est gravé le nom de la famille. Les membres du groupe récompensé désignent entre eux, au scrutin, celui qui a le plus contribué à l'honneur commun : le nom de cet élève est gravé au-dessous du nom de la famille.

Pour rappeler aux enfants le respect et la reconnaissance qu'ils doivent à ceux qui se sont dévoués à leur éducation, on donne aux familles les noms d'amis et de bienfaiteurs de l'enfance : tels que saint Vincent de Paul, fondateur de l'Œuvre des enfants trouvés ; Oberlin, Cochin, Mme de Pastoret, Mme Mallet, fondateurs des salles d'asile ; Marbeau, fondateur des crèches ; l'abbé de l'Épée, fondateur de la première école de sourds-muets ; Haüy, fondateur de l'Institut des jeunes aveugles ; Froebel, fondateur des Jardins d'enfants ; Demetz, fondateur de la colonie agricole de Mettray.

Auprès de ces noms indiqués par M. Grosselin lui-même, le sien doit évidemment trouver place.

Partout où a été fait l'essai de cette institution si simple et si facile à organiser, elle a produit les plus heureux résultats : les bons élèves ne se bornent plus à opposer une résistance passive aux suggestions des mauvais, ils travaillent activement à ramener ceux-ci à la pratique du bien. Cette action des bons élèves sur leurs camarades s'exerce non-seulement à la classe, mais dans les récréations, et même en dehors de l'école. L'esprit de solidarité, qui se développe entre tous les membres de la petite famille, les enfants le reportent nécessairement au foyer domestique. Il en résulte qu'ils ne voudraient pas déshonorer leurs parents

par une mauvaise action, et que plus tard, devenus pères de famille eux-mêmes, ils éviteront
tout ce qui pourrait appeler le déshonneur sur leurs
enfants.

D'après ce que nous a raconté M. Grosselin, il
s'est produit dans deux écoles en 1866, et peut-
être depuis lors dans un plus grand nombre, un
fait étrange qui suffirait à prouver l'excellence de
l'institution. Nous avons vu que les frères et sœurs
aînés, dans l'ordre fixé par le sort, choisissent les
élèves qui composeront leurs familles. Comme ils
savent d'avance qu'ils auront à souffrir des fautes
de ceux qu'ils ont à élire, il semble naturel que
leur choix se porte sur les meilleurs élèves. Eh
bien! dans deux écoles qui n'avaient entre elles
aucune relation, il s'est trouvé deux enfants qui,
élus à l'unanimité frères aînés, ont choisi les plus
mauvais, afin de travailler à les rendre bons.
N'est-ce pas là un acte, on pourrait dire sublime,
de charité enfantine?

A une époque où nos mœurs deviennent de plus
en plus démocratiques, et où le besoin de propager l'instruction à tous les degrés est vivement
senti, ce serait assurément un très-grand progrès

moral que d'introduire les *petites familles* dans tous nos établissements d'instruction publique. Non-seulement elles auraient une influence marquée sur l'amélioration des sentiments et de la conduite des élèves, mais elles établiraient, entre la plupart de ceux qui auraient fait partie d'une même famille, des liens qui subsisteraient dans le cours de leur vie.

On ne connaissait bien M. Grosselin que quand on l'avait vu dans sa famille. Nul plus que lui n'aimait à se voir entouré de tous les siens : sa mère a passé les vingt dernières années de sa vie chez lui, honorée et heureuse de l'affection que tous lui témoignaient; sa sœur, Mme Crépy, depuis son veuvage prématuré, n'a pas quitté son foyer, et M. Grosselin pouvait dire à juste titre que ses enfants avaient eu deux mères; sauf un de ses fils que sa carrière maritime tint assez longtemps éloigné de la maison paternelle, ses autres enfants habitaient sous le même toit que lui, ou tout auprès. Le mariage de ses deux filles et de ses deux fils eut pour effet de lui donner, dans ses gendres et dans ses brus, quatre enfants de plus à chérir. La vénération qu'il inspirait, la bienfaisante influence que son dévouement exerçait, lui donnèrent le bonheur de voir toujours la plus parfaite union régner entre eux. Et le plaisir de se voir grand-père, plaisir si grand pour lui, l'ami des enfants, fit couler plus abondante la source des sentiments affectueux dont son cœur était rempli.

Dans ses dernières années, la belle saison réunissait tous les membres de sa nombreuse famille à la campagne de M. Blondel, son gendre. Là, comme un patriarche de la Bible, M. Grosselin était fier de voir autour de lui ses huit enfants et ses dix petits-enfants. L'amour qu'il portait à ces derniers, sa patience et un don tout particulier d'enseignement le rendaient très-propre à s'occuper de leur éducation. Tous recevaient, avec empressement et avec une joyeuse docilité, des leçons qu'il savait rendre attrayantes.

A côté de la famille qui nous vient du sang, il en est une autre que nous donnent, un peu au hasard des circonstances, les camaraderies d'enfance, des rapports de fonctions ou de voisinage, des liens d'une parenté éloignée, et par-dessus tout une certaine conformité d'idées et de sentiments.

A cette seconde famille, celle des amis, M. Grosselin montra une constante bienveillance. Quand, comme lui, on est parvenu à un âge assez avancé, on a vu bien des changements se produire dans la position sociale de ceux qu'on a connus dans sa jeunesse : les uns ont monté, les autres ont descendu, quelques-uns sont restés stationnaires. Les ambitieux, les petits esprits, s'éloignent volontiers de ceux qui n'ont pas réussi. M. Grosselin, cœur d'élite, ne pouvait agir de la sorte. Il est toujours resté fidèle à ses anciens amis, qui, riches ou pauvres, recevaient de lui le même accueil, plein de franchise et d'affabilité. Et c'était, pour ceux qui se groupaient autour de lui, un doux et fortifiant spectacle que de voir cette heureuse famille, dont tous les membres, père, mère, enfants, étaient si étroitement unis par le devoir et par l'affection.

M. Grosselin, sauf quelques accidents passagers, avait toujours joui d'une bonne santé. L'âge n'avait ni diminué ses forces ni ralenti son activité, quand, à la fin de l'automne de 1869, il éprouva une perte d'appétit. Il y fit d'abord peu d'attention. Cet état persistant, sa famille voulut consulter un médecin, qui jugea le cas très-grave :

M. Grosselin était attaqué d'un cancer à l'estomac, maladie qui ne pardonne guère.

Du jour où il fut forcé de garder le lit, M. Grosselin ne se fit pas illusion, et il parla de sa fin à ses amis les plus intimes. Puis, pendant les temps d'arrêt du mal, il se reprenait à espérer et parlait de ce qu'il se proposait de faire quand il serait sur pied. C'était toujours des moyens de vulgariser la méthode phonomimique qu'il se préoccupait. Comme on ne pouvait laisser monter auprès de lui toutes les personnes qui se présentaient pour le voir, il se plaisait, quand il se sentait mieux, à rédiger lui-même un petit bulletin de sa santé, qu'on déposait chez le concierge pour être communiqué aux visiteurs. Il annonçait sa guérison prochaine. Se trompait-il, ou cherchait-il à tromper ceux qui l'entouraient? Sa sérénité, sa conversation douce et enjouée auraient pu abuser sa famille, si un affaiblissement graduel et les pronostics de la science n'eussent trop fait connaître la triste réalité. On s'efforçait de conserver auprès de lui un visage riant, et l'on ne fondait en larmes que lorsqu'on était sorti de sa chambre.

M. Grosselin s'éteignit le 5 janvier 1870. Les sentiments qui avaient été le mobile de toute sa vie dominèrent ses derniers moments. Entouré de tous les siens, il leur recommandait de continuer à vivre dans l'union ; il bénissait la maladie qui lui permettait d'apprécier toute l'étendue de l'amour qu'ils lui portaient. Il répéta plusieurs fois que Dieu l'appelait à lui du sein du bonheur.

135.—Paris. — Imprimerie Cusset et Cᵉ, rue Racine, 26.